# VIE

# DE SAINT ANTOINE

## A LA MÊME LIBRAIRIE

### DU MÊME AUTEUR

| | |
|---|---|
| GRAMMAIRE DE LA LANGUE GRECQUE. *Cinquième édition*. — In-8 cart.............................. | 3 fr. » |
| — *Première partie.* Déclinaison, Conjugaison et Syntaxe abrégée................................ | 1 fr. 50 c. |
| — *Deuxième partie.* Grande Syntaxe, Dialectes, Accent, Quantité, Métrique.................... | 1 fr. 50 c. |
| THÈMES GRADUÉS sur la Grammaire grecque, avec Dictionnaire. *Deuxième édition.* — In-12...... | 2 fr. » |
| CORRIGÉ DES MÊMES. — 1 vol. in-12............... | 2 fr. 50 c. |
| PETITE ANTHOLOGIE ou Recueil de Fables, Descriptions, Épigrammes, Pensées, contenant toutes les RACINES de la langue grecque, avec Table alphabétique de tous les mots employés dans l'ouvrage, et Commentaire étymologique. *Huitième édition.* — 1 vol in-12, cart............ | 1 fr. 75 c. |
| LE MÊME OUVRAGE, avec traduction française..... | 2 fr. 25 c. |
| LETTRES à un chef d'Institution sur la manière d'apprendre les mots grecs. — 1 vol. in-12.... | » 50 c. |
| CHRESTOMATHIE ou Recueil de morceaux gradués, tirés des auteurs grecs, à l'usage des commençants, avec Dictionnaire. — 1 vol. in-12, cart.. | » 90 c. |
| *C'est le livre le plus facile qu'on puisse donner aux commençants.* | |
| VIE DE SAINT ANTOINE, par S. Athanase, texte grec, avec notes et Dictionnaire. — 1 vol. in-12, cart. | 1 fr. » |
| TRADUCTION FRANÇAISE du même................. | 1 fr. 25 c. |
| ÉVANGILE SELON SAINT LUC, texte grec, revu avec soin sur les meilleurs manuscrits, avec notes et Dictionnaire. — 1 vol. in-12, cart............ | 1 fr. » |
| BASILE (SAINT). Discours aux jeunes gens sur la lecture des auteurs profanes, avec notes. — In-12, br............................... | » 50 c. |
| RHETORICA SACRA sive SANCTI AUGUSTINI, de Doctrina Christiana, liber quartus, cum notis. — In-12.. | » 60 c. |
| SANCTO AMBROSII Epistolæ, et SYMMACHI, Relatio de Ara Victoriæ. — In-12....................... | » 50 c. |
| SANCTI CÆCILII CYPRIANI, liber de Mortalitate, cui accessit Epistola ad Confessores. — In-12..... | » 50 c. |
| GRAMMAIRE FRANÇAISE de Lhomond, revue, corrigée et complétée. — 1 vol. in-12, cart............ | » 80 c. |
| EXERCICES GRADUÉS sur la Grammaire française. — 1 vol. in-12, cart......................... | 1 fr. 25 c. |
| DANIEL dans la fosse aux lions, tragédie. — 1 vol. in-12............................... | 1 fr. 50 c. |
| MUSIQUE des chœurs de Daniel, par Chrétien et Rossignol..................................... | 3 fr. » |

# VIE
## DE
# SAINT ANTOINE

PAR

**SAINT ATHANASE**

TRADUITE EN FRANÇAIS

## PAR A. F. MAUNOURY

Professeur au petit séminaire de Séez

**Édition classique**

## PARIS
DEZOBRY, E. MAGDELEINE ET Cⁱᵉ, LIB.-ÉDIT.

RUE DES ÉCOLES, 78

Près de l'hôtel Cluny et de la Sorbonne.

1858

# PRÉFACE

Saint Antoine est un des hommes les plus admirables que le christianisme ait produits. Destiné par la Providence à créer la vie monastique, il l'a tout d'un coup élevée par ses conseils et par ses exemples à une hauteur qu'elle n'a point dépassée dans les âges suivants. Il se retire au fond d'un désert, et les peuples l'y suivent, attirés par sa sainteté. Des villes se fondent autour de sa cellule. On s'entretient de lui, non-seulement dans toute l'Égypte, sa patrie, mais dans l'Asie, à Constantinople, à Rome, en Espagne et dans les Gaules. Ce moine sans lettres fait l'étonnement d'un siècle fécond en grands hommes. Les docteurs invoquent son autorité sur les plus hautes questions de la théologie; les païens le vénèrent; les hérétiques le redoutent. Saint Athanase l'appelle pour confondre les Ariens, dont l'obstination triomphait de son éloquence. Le vieillard descend de sa montagne, ferme la bouche aux ariens, et, dans un petit nombre de jours, convertit plus d'infidèles que tout le clergé d'Alexandrie n'aurait fait dans une année. En entendant raconter la vie de ce pieux solitaire, Augustin fond en larmes et s'arrache à ses passions. Le grand Constantin, maître du monde, lui envoie des ambassadeurs, reçoit ses conseils avec respect, et la lettre que lui écrit cet ignorant, il la compte parmi ses plus beaux titres de gloire. Ainsi Dieu accomplissait la promesse qu'il avait faite à son serviteur de rendre son nom célèbre par toute la terre.

La vie, les combats et les miracles de saint Antoine nous ont été racontés par un témoin qui a longtemps vécu avec lui, par un des plus fermes génies dont l'Église s'honore, par saint Athanase.

On peut donc croire des faits qui nous sont attestés par un historien si véridique et si bien informé [1].

Si nous avons abrégé l'œuvre de saint Athanase, ce n'est pas afin de retrancher des choses qui nous paraîtraient inadmissibles. A Dieu ne plaise que nous rougissions des paroles de ce grand docteur, comme on fait certains critiques : mais il écrivait pour des religieux, et nous avons édité son livre pour des enfants. Le désir de ne rien présenter que d'intéressant à ce jeune âge nous a déterminé à faire des suppressions.

Ainsi réduite, la *Vie de saint Antoine* nous paraît l'ouvrage le plus attrayant et le plus profitable que l'on puisse offrir à des jeunes gens qui ont déjà surmonté les premières difficultés de la grammaire.

---

1. Saint Athanase affirme dans sa préface qu'en écrivant la Vie de saint Antoine il recherche avant tout l'exactitude et la vérité : Ἅπερ αὐτός τε γινώσκω ( πολλάκις γὰρ αὐτὸν ἑώρακα), καὶ ἃ μαθεῖν ἠδυνήθην παρ' αὐτοῦ, ἀκολουθήσας αὐτῷ χρόνον οὐκ ὀλίγον καὶ ἐπιχέων ὕδωρ κατὰ χεῖρας αὐτοῦ, γράψαι τῇ εὐλαβείᾳ ὑμῶν ἐσπούδασα, πανταχοῦ τῆς ἀληθείας φροντίσας.

# VIE[1]

DE

# SAINT ANTOINE

---

### Enfance et éducation de saint Antoine.

**1.** Antoine était Égyptien de naissance. Ses parents étaient nobles et possédaient une fortune considérable. Comme ils étaient chrétiens, ils l'élevèrent chrétiennement. Pendant toute son enfance, il demeura auprès de ses parents, ne connaissant qu'eux et leur maison.

### Pourquoi il n'apprend pas les lettres profanes.

**2.** Lorsque avançant en âge il fut devenu adolescent, il refusa d'apprendre les belles-lettres, parce qu'il voulait rester éloigné de la société des jeunes gens. Tout son désir était, selon qu'il est écrit de Jacob, d'habiter dans sa maison avec la pure simplicité de son naturel.

---

1. En grec, βίος καὶ πολιτεία, vie et conduite, *vita et conversatio, seu vitæ institutum*. En français, le mot *vie*, surtout lorsqu'il s'agit d'un saint, renferme ces deux idées.

### Il s'applique à l'étude des saintes Écritures.

**3.** Il venait, avec ses parents, se réunir aux fidèles dans le temple du Seigneur. On ne vit point en lui la négligence du jeune âge, et il ne devint point méprisant et orgueilleux en grandissant : mais il se montrait soumis à ses parents, s'appliquait à la lecture des livres saints, et conservait dans son cœur les utiles leçons qu'il y trouvait.

### Sobriété de saint Antoine.

**4.** Quoiqu'il fût élevé dans une maison opulente, il n'importunait point ses parents pour obtenir d'eux une nourriture variée et somptueuse ; il ne recherchait point les plaisirs de la table, mais il se contentait des aliments qu'on lui présentait et il n'en désirait jamais d'autres.

### Il perd ses parents.

**5.** Après la mort de ses parents, il resta seul avec une sœur en bas âge ; pour lui, il avait alors dix-huit ou vingt ans. Il se chargea lui-même du soin de gouverner sa maison et d'élever sa sœur.

### Pensée que Dieu lui envoie pendant qu'il se rend à l'église.

**6.** Six mois ne s'étaient pas encore écoulés depuis la mort de ses parents, lorsqu'un jour, se rendant à l'église suivant sa coutume, il méditait le long du chemin, et repassait dans son esprit comment les

Apôtres avaient tout abandonné pour suivre le Sauveur ; comment les fidèles, dont il est parlé dans le livre des Actes, vendaient ce qu'ils possédaient pour en donner le prix aux Apôtres, et déposaient cet argent à leurs pieds pour le distribuer à ceux qui en avaient besoin ; et il méditait sur la magnifique récompense qui attend dans les cieux ceux qui font de telles actions.

### Saint Antoine entend lire l'Évangile.

7. En faisant ces réflexions, il entra dans l'église. Il arriva qu'en ce moment on lisait l'évangile. Dans cette lecture, il entendit le Seigneur qui disait au riche : « Si tu veux être parfait, va-t'en, vends tout
« ce que tu possèdes et donne-le aux pauvres ; alors
« viens, suis-moi, et tu auras un trésor dans les
« cieux. »

### Saint Antoine renonce à ses biens.

8. Il lui sembla que c'était Dieu lui-même qui avait rappelé à son esprit le souvenir des saints ; et, comme si la lecture avait été faite précisément pour lui seul, il sortit du temple à l'instant ; et toute la fortune que ses ancêtres lui avaient laissée (elle consistait en trois cents arpents d'un terrain fertile et situé dans un pays charmant), il la donna généreusement aux habitants de son village, afin que sa sœur et lui fussent débarrassés de toute espèce de soins. Quant au mobilier, il le vendit et en retira une somme considérable, qu'il distribua aux pauvres.

### Il confie sa sœur à des vierges et il s'applique à la perfection.

9. Il avait réservé quelque peu de ses biens à cause de sa sœur. Mais, entrant de nouveau dans le temple, il entendit le Seigneur qui disait dans l'évangile : « Ne vous inquiétez point du lendemain. » Il ne put y rester plus longtemps, il sortit et distribua ce qu'il avait encore à des gens peu aisés. Il confia sa sœur à des vierges d'une vertu solide et connues pour leur piété, afin qu'elles l'élevassent dans leur chaste demeure. Pour lui, il se retira dans un lieu proche de sa maison, et s'adonna aux exercices de la vie chrétienne, veillant sur lui-même et se traitant avec rigueur. A cette époque, il n'y avait point encore en Égypte de monastères composés de cellules réunies, et même les solitaires ne connaissaient pas encore le désert lointain : mais ceux qui voulaient travailler à leur perfection s'y exerçaient à part, en se retirant à quelque distance de leur village.

### Un solitaire lui sert de modèle.

10. Il y avait alors dans le village voisin un vieillard qui avait embrassé la vie solitaire dès sa jeunesse. Antoine, étant allé le voir, devint son rival dans la vertu. Il se fixa d'abord lui-même dans un endroit qui était en face de son village, et là, s'il venait à entendre parler de quelque homme vertueux, tel qu'une industrieuse abeille, il se mettait

## VIE DE SAINT ANTOINE.

à sa recherche; il ne revenait point chez lui sans l'avoir vu, et il ne le quittait qu'après avoir reçu de lui, pour ainsi dire, un secours de voyage pour cheminer dans la vertu.

### Saint Antoine joint le travail des mains à la prière et à la lecture.

11. Tout son désir, toute son ardeur, tendait à accomplir parfaitement ses exercices spirituels. Il y joignait le travail des mains, se souvenant de cette parole de l'Apôtre : *Que celui qui ne veut point travailler ne mange point.* Ce qu'il gagnait, il l'employait à ses besoins et au soulagement des pauvres. Il priait continuellement, car il avait appris qu'on doit prier en particulier sans intermission (I Thess., 5, 17). Il s'appliquait tellement à la lecture des livres saints, qu'il n'en laissait rien tomber par terre; il retenait tout ce qu'il lisait, au point que dans la suite sa mémoire lui tenait lieu de livre.

### Comment saint Antoine profitait des bons exemples.

12. Telle était la vie que menait saint Antoine, et elle le faisait chérir de tout le monde. Il se soumettait sans réserve aux hommes pieux chez lesquels il se rendait. Il observait secrètement en quoi excellait chacun d'eux par son zèle et sa piété. Dans l'un, il remarquait l'affabilité; dans l'autre, l'assiduité à la prière; celui-ci l'édifiait par sa douceur, celui-là par sa charité, un autre par ses veilles, un autre par son application à la lecture. Il admirait celui-ci pour sa

patience, celui-là pour ses jeûnes ou parce qu'il couchait sur la dure. L'un le touchait par sa mansuétude, l'autre par sa longanimité. Enfin il remarquait dans tous sans exception leur piété envers Jésus-Christ et leur charité mutuelle. Après s'être ainsi rempli de tous ces beaux exemples, il retournait au lieu de ses exercices. Il tâchait alors de rassembler en lui-même les vertus qu'il avait étudiées dans chacun, et il s'efforçait de reproduire dans son cœur les perfections de tous les autres.

<small>Tous ceux qui le connaissaient le chérissaient.</small>

13. Il ne disputait point avec ceux qui étaient de son âge; il rivalisait avec eux en un seul point, c'était de ne pas leur rester inférieur en vertu; et cela même il le faisait de manière à ne mécontenter personne, et à se faire aimer de ceux qu'il surpassait. Aussi toutes les personnes vertueuses de son village qui avaient des rapports avec lui, le voyant si parfait, l'appelaient l'*ami de Dieu*, et tous le chérissaient les uns comme un fils, les autres comme un père.

<small>Saint Antoine est tenté par le démon.</small>

14. Mais la haine du démon, jaloux de tout bien, ne put voir sans dépit une si noble résolution dans ce jeune homme, et il employa contre lui ses ruses ordinaires. D'abord il essaya de le détourner des pratiques de la piété, en lui rappelant le souvenir de ses richesses, le soin qu'il devait prendre de sa sœur, et les liens qui l'unissaient à sa famille; il lui

inspirait l'amour de l'argent et la passion de la gloire ; il lui montrait les plaisirs de la bonne chère et les autres délices de la vie ; il mettait en regard les difficultés de la vertu et les rudes travaux qu'elle exige ; il lui représentait la faiblesse de sa santé et la longueur du temps que dureraient ses austérités ; enfin il soulevait dans son esprit comme un tourbillon de pensées ténébreuses pour le détourner de son généreux dessein.

### Comment saint Antoine triomphait des tentations.

15. L'ennemi se sentant faible contre la résolution d'Antoine, se voyant même repoussé par la fermeté de ce jeune homme, terrassé par la grandeur de sa foi et mis en fuite par ses prières assidues, employa d'autres armes contre cet adversaire. La nuit il le trouble, le jour il l'importune, au point que ceux qui le voyaient s'apercevaient de sa lutte avec le démon. L'esprit infernal lui suggérait des pensées immondes ; le saint jeune homme les chassait par ses prières, et fortifiait son corps par le jeûne. Tel fut le premier combat d'Antoine contre le démon, ou plutôt tel fut le triomphe que le Sauveur, dans la personne d'Antoine, remporta contre Satan.

### Saint Antoine redouble de vigilance. Ses austérités.

16. Au reste, après avoir vaincu le démon, Antoine ne se relâcha pas ; et le démon, après sa défaite, ne renonça pas à de nouvelles embûches. Il continuait de rôder comme un lion, cherchant une

occasion de surprendre sa proie. Antoine résolut donc de s'habituer à une vie plus dure. Ainsi il prolongeait souvent ses veilles jusqu'à passer les nuits entières sans dormir. Il ne mangeait qu'une fois le jour, après le coucher du soleil; souvent il passait deux jours et même quatre jours sans rien prendre. Du pain et du sel faisaient toute sa nourriture; l'eau était sa boisson, car il serait inutile de parler du vin aussi bien que de la viande. Il dormait sur une natte de jonc, et le plus souvent il couchait sur la terre nue.

**Saint Antoine s'enferme dans un tombeau.**

17. Après s'être formé à cette vie sévère, Antoine s'en alla vers des tombeaux qui étaient situés à peu de distance de son village, et, ayant prié un de ses amis de lui apporter du pain au bout de quelque temps, il entra dans un de ces tombeaux, en ferma la porte sur lui, et demeura seul dans l'intérieur.

**Le démon frappe saint Antoine et le laisse comme mort.**

18. L'ennemi ne put supporter cette détermination, il vint une nuit avec une troupe de démons, frappa le saint et l'accabla de tant de coups qu'il demeura par terre sans voix. Le lendemain arriva son ami, qui lui apportait des pains. Cet homme ayant ouvert la porte, voit Antoine étendu par terre comme mort. Il le prend sur ses épaules, le porte à l'église du village, et le dépose sur le sol. Un grand nombre de ses parents et les gens du village viennent

s'asseoir autour d'Antoine, qui semblait n'être plus qu'un cadavre.

### Saint Antoine revenu à lui provoque le démon.

**19.** Vers le milieu de la nuit, Antoine revint à lui et se réveilla; comme il vit que tous ceux qui étaient là dormaient, et que son ami veillait seul, il lui fit signe d'approcher, et il le pria de le charger de nouveau sur ses épaules et de le reporter aux tombeaux, sans réveiller personne. Cet homme l'y reporta donc, ferma la porte comme à l'ordinaire, et Antoine se trouva seul de nouveau dans le monument. Il n'avait pas la force de se tenir debout à cause des coups qu'il avait reçus, mais tout en demeurant couché, il priait.

**20.** Quand sa prière fut achevée, il s'écria : « Voici « Antoine en ce lieu ! Je ne fuis pas vos coups. Lors « même que vous m'en donneriez davantage, rien « ne me séparera de l'amour de Jésus-Christ » (Rom., 8, 35). Puis il se mit à chanter ces paroles du psalmiste : « Quand même une armée serait « contre moi rangée en bataille, mon cœur n'en « serait point effrayé. »

### Nouvel effort du démon.

**21.** Telles étaient les paroles de ce courageux athlète. L'ennemi de la vertu, surpris de le voir venir à sa rencontre après tous les coups dont il l'avait accablé, convoque ses démons et leur dit plein de rage : « Vous voyez qu'il n'a pas cédé à nos

« coups, mais qu'il nous défie avec audace. Atta-
« quons-le d'une autre manière. »

**22.** Ils accourent donc et font pendant la nuit un tel vacarme que toute la contrée paraît en trembler. Il semble que ces démons, renversant les quatre murailles du tombeau, passent au travers sous la figure d'animaux sauvages et d'affreux reptiles. Tout ce lieu paraît rempli de lions, d'ours, de léopards, de taureaux, de serpents, d'aspics, de loups et de scorpions. Chacune de ces bêtes s'agite à sa manière. Le lion rugit en voulant s'élancer; le taureau menace de ses cornes; le serpent s'avance en rampant, mais n'arrive pas jusqu'au saint, et le loup, qui se précipite, est retenu par une force invisible. Tous ces fantômes, en un mot, faisaient entendre des frémissements épouvantables et montraient une colère effrayante.

### Comment saint Antoine convainquit le démon d'impuissance.

**23.** Antoine frappé, piqué par ces bêtes cruelles, laissait échapper des gémissements que lui arrachaient les souffrances de son corps, mais, plein de vigueur dans son âme, il leur disait en les raillant : « Si vous aviez quelque pouvoir, un seul d'entre vous
« suffirait pour m'abattre. Mais, comme le Seigneur
« vous a coupé les nerfs, vous cherchez à m'effrayer
« par votre multitude. Toutes ces figures d'animaux
« que vous prenez sont la marque de votre impuis-
« sance. » Puis il ajoutait avec hardiesse : « Si vous
« avez quelque force, si vous avez reçu contre moi

« quelque pouvoir, ne différez pas davantage, fondez
« sur moi. Mais, si vous ne pouvez rien, pourquoi
« vous tourmenter en vain? La foi en notre Seigneur
« est un sceau qui nous garantit, un rempart qui
« nous met en sûreté. » Les démons, voyant tous
leurs efforts inutiles, grinçaient des dents contre cet
intrépide adversaire.

### Le Seigneur apparaît à saint Antoine.

24. Cependant Jésus-Christ n'oubliait pas la lutte
de son serviteur : il vint à son secours. Antoine, levant les yeux, crut voir le toit s'entr'ouvrir, et un
rayon de lumière descendit jusqu'à lui. A l'instant
les démons disparurent. Antoine respirant et soulagé
de ses peines demanda à l'apparition : « Où donc
« étiez-vous, Seigneur? et pourquoi ne vous êtes-
« vous pas montré dès le commencement? » La voix
lui répondit : « Antoine, j'étais ici. Mais j'attendais
« pour être témoin de ta lutte. Puisque tu as résisté,
« puisque tu n'as pas été vaincu, je serai désormais
« ton protecteur, et je rendrai ton nom célèbre par
« toute la terre. »

25. Antoine, entendant ces paroles, se leva et se
mit en prières. Les forces lui revinrent, au point
qu'il sentit dans son corps une vigueur plus grande
que celle qu'il avait avant cette épreuve. Il était alors
âgé d'environ trente-cinq ans.

### Le démon lui offre un disque d'argent.

26. Le lendemain, animé d'un nouveau courage,

il sortit et se dirigea vers la montagne. L'ennemi, voyant son ardeur et voulant l'entraver, fit paraître sur sa route l'image d'un grand disque d'argent. Antoine comprit la ruse de son ennemi, s'arrêta, et, comme s'il eût vu le démon sous la figure de ce disque, il le confondit en lui disant : « D'où peut venir un disque en ce désert? Il n'y a pas même de sentier dans ces lieux; on n'y voit la trace d'aucun voyageur. Ce disque est trop grand pour qu'on l'ait laissé tomber sans s'en apercevoir. Et d'ailleurs celui qui l'aurait perdu n'aurait eu qu'à revenir sur ses pas : en le cherchant, il l'eût certainement retrouvé, puisque ce lieu est désert. C'est là une ruse du démon. Satan, tu n'arrêteras pas mon zèle par cet artifice. Qu'il périsse avec toi ! » A cette parole d'Antoine, le disque s'évanouit comme une fumée.

### Saint Antoine se retire dans un château abandonné.

27. Se fortifiant donc de plus en plus dans sa résolution, il se dirigea vers la montagne. Il rencontra au delà du Nil un fort abandonné, que le temps avait rempli de serpents. Antoine s'y fixa. Dès qu'il en eut fait sa demeure, les reptiles disparurent, comme si on les eût chassés. Antoine en ferma la porte par une solide clôture. Il avait apporté avec lui des pains pour six mois, car les habitants de la Thébaïde savent en faire qui peuvent se conserver une année entière. Il y avait de l'eau dans l'intérieur du fort. Antoine s'y retira comme au fond d'un sanctuaire, et y demeura seul, n'en sortant jamais

et n'admettant personne de ceux qui venaient pour le voir. Seulement il recevait les pains qu'on lui jetait par-dessus la muraille deux fois par an.

### Il est assailli par les démons.

28. Comme ses amis qui venaient le voir ne pouvaient entrer, ils passaient dehors souvent plusieurs jours et plusieurs nuits, et ils entendaient, à l'intérieur du château, le bruit d'une foule qui s'agitait, des voix qui poussaient des gémissements lamentables et qui criaient : « Sors de nos domaines ! Que veux-tu faire dans ce désert ? Tu ne supporteras pas nos attaques. »

29. D'abord les gens qui étaient dehors s'imaginaient que c'étaient des hommes qui luttaient contre lui et que ces hommes avaient pénétré dans la forteresse au moyen d'échelles. A la fin ayant mis l'œil à une petite fente, comme ils ne virent personne, ils comprirent que c'étaient des démons qui faisaient ce tumulte, et, tout effrayés, ils appelèrent Antoine. Le saint, qui ne faisait aucune attention aux démons, écouta les hommes qui lui parlaient. Il s'approcha de la porte, et les engagea à s'en aller sans rien craindre, ajoutant que les démons emploient ces épouvantails contre les gens qui ont peur. « Pour vous, « dit-il, faites le signe de la croix, allez-vous-en sans « crainte, et laissez les démons se jouer eux-mêmes. » Les amis d'Antoine s'en retournèrent donc en se munissant du signe de la croix, et lui-même resta

dans le château sans éprouver aucun mal de la part des démons.

### Il sort de sa retraite.

30. Il demeura dans ce château environ vingt ans, s'y livrant seul aux exercices de la piété. Enfin ce temps étant passé, comme beaucoup de personnes souhaitaient de le voir et désiraient imiter son genre de vie, plusieurs de ses amis se réunirent, et renversèrent la porte de vive force; Antoine sortit du château comme d'un sanctuaire où Dieu l'avait initié à ses mystères et rempli de sa présence. C'est ainsi qu'il parut pour la première fois hors du château devant ceux qui étaient venus le visiter.

31. Ses amis en le revoyant furent étonnés de le trouver dans le même état qu'autrefois. Le défaut d'exercice n'avait point fait contracter d'embonpoint à son corps. Les jeûnes et les combats avec les démons ne l'avaient pas non plus amaigri. Il était tel qu'on l'avait connu avant sa retraite.

### Il guérit les malades.

32. Le Seigneur guérit par son entremise plusieurs malades qui se trouvaient dans la foule, et il en délivra d'autres qui étaient tourmentés par les démons. Dieu avait aussi donné une grâce particulière aux paroles d'Antoine. Il consola un grand nombre de personnes qui étaient dans l'affliction, et il réconcilia des ennemis qui étaient en guerre. Il avait soin

de répéter à tous qu'il n'y a dans l'univers aucune chose qu'on doive préférer à l'amour de Jésus-Christ.

### Il fonde des monastères.

33. Dans ses entretiens avec ceux qui venaient le trouver, il les exhortait à se souvenir des biens futurs et à ne pas oublier la charité que Dieu nous a montrée en n'épargnant pas son propre fils, mais en le livrant pour nous tous. Ces discours en déterminèrent plusieurs à se retirer dans la solitude. Alors des monastères comencèrent à s'élever sur les montagnes, et le désert fut peuplé de solitaires qui sortaient de leurs pays pour devenir citoyens du ciel.

### Conseils de saint Antoine à ses disciples.

34. Un jour tous les moines s'étant rassemblés autour de lui pour le prier de leur adresser quelques paroles d'édification, il leur dit en langue égyptienne : Que les saintes Écritures suffisaient pour notre enseignement, mais qu'il était cependant utile de nous exhorter les uns les autres dans la foi, et de nous encourager par de bons discours. « Vous donc, ajouta-t-il, si vous êtes de pieux enfants, apportez un présent à votre père, et dites-lui les bonnes choses que vous connaissez. De mon côté, puisque je suis plus âgé que vous, je vais vous faire part des connaissances que l'expérience m'a données.

### Ne jamais se relâcher.

35. « Voici, avant tout, une résolution que nous

« devons tous prendre : Quand on a commencé, il
« faut continuer sans se relâcher, et ne point se dé-
« courager à la vue des fatigues. Ne disons pas :
« Voilà bien du temps que nous suivons nos exer-
« cices. Mais plutôt croissons en ferveur, comme
« si nous commencions chaque jour. La vie humaine
« est bien courte, si on la compare aux années à
« venir, et tout le temps que nous vivons ici-bas
« n'est rien en comparaison de la vie éternelle.

36. « Dans ce monde, toute chose se vend son
« prix, et un objet s'échange pour un objet d'égale
« valeur. Mais on achète pour rien les promesses de
« la vie éternelle. Car les souffrances du temps pré-
« sent n'ont aucune proportion avec la gloire qui
« sera un jour révélée en nous.

### Combien il est utile de penser à la mort.

37. « C'est une chose excellente que de méditer
« cette parole de l'Apôtre : *« Je meurs tous les jours.»*
« Car, si nous vivons comme devant mourir chaque
« jour, nous ne commettrons pas le péché. Or voici
« le sens de cette parole : Quand nous nous éveil-
« lons le matin, pensons que nous ne vivrons pas
« jusqu'au soir; et quand nous allons dormir, croyons
« que nous ne nous éveillerons pas le lendemain, car
« le terme de notre vie est inconnu, et nos instants
« sont mesurés par la Providence.

38. « Si telle est notre disposition, si nous vivons
« chaque jour dans ces sentiments, nous ne péche-
« rons pas, nous ne désirerons rien avec passion,

« nous ne serons irrités contre personne, et nous
« n'amasserons point de trésors sur la terre. Nous
« attendant chaque jour à mourir, nous ne possè-
« derons rien, et nous pardonnerons tout à tous les
« hommes. Quant aux voluptés immondes, au lieu
« de les rechercher, nous les fuirons comme un plai-
« sir qui passe, car nous nous croirons toujours au
« moment suprême, et nous aurons toujours l'œil
« fixé sur le jour du jugement.

### Ne point regarder en arrière.

39. « Après avoir ainsi commencé, après avoir
« mis le pied dans le sentier de la vertu, efforçons-
« nous d'aller en avant, et tâchons d'arriver au but
« qui nous est proposé. Que personne ne regarde en
« arrière, comme la femme de Lot, car le Seigneur
« a dit : « Celui qui met la main à la charrue et qui
« regarde en arrière n'est point propre au royaume
« des cieux. »

### Que pour être vertueux il suffit de le vouloir.

40. « Quand on vous parle de la vertu, ne vous
« laissez point effrayer; que ce mot ne vous étonne
« pas. La vertu n'est pas loin de nous, elle ne de-
« meure pas hors de nous. C'est une entreprise qui
« dépend de nous, une chose facile, car il s'agit seu-
« lement de vouloir. Les Grecs font de longs voyages
« et ils passent les mers pour apprendre les belles-
« lettres. Pour nous, il n'est pas nécessaire que nous
« quittions notre pays, afin d'obtenir le royaume des

« cieux ; nous n'avons pas besoin de traverser la mer
« pour acquérir la vertu. Car le Seigneur a dit : « Le
« royaume des cieux est dans vous. » Ainsi la vertu
« n'exige que de la bonne volonté. »

### Beau spectacle de la vie monastique.

41. Les monastères qui s'élevaient sur les montagnes ressemblaient à des tabernacles remplis de chœurs divins qui chantaient, étudiaient, jeûnaient, tressaillaient d'allégresse dans l'espérance des biens futurs. Ces religieux travaillaient des mains pour faire des aumônes ; ils s'aimaient les uns les autres et vivaient dans une parfaite concorde. On voyait là, dans ce coin du monde, la vraie patrie de la justice et de la piété.

42. Là il n'y avait personne qui commît ou qui reçût une injustice, personne qui subît les vexations de l'exacteur. Mais on y voyait une multitude d'hommes qui travaillaient à se rendre parfaits, et dont toutes les pensées avaient pour objet la vertu. En sorte que tous ceux qui contemplaient ces monastères et l'ordre qui y régnait s'écriaient et disaient : « Que tes maisons sont belles, ô Jacob ! que tes tentes sont magnifiques, ô Israël ! Tes pavillons ressemblent à des vallées ombragées ; ils sont comme un jardin sur le bord d'un fleuve ; ils sont pareils aux tentes que le Seigneur a dressées, aux cèdres qui croissent sur le bord des eaux. »

### Saint Antoine se rend à Alexandrie pendant la persécution.

43. Après les choses que nous venons de raconter, survint la persécution de Maximin. Comme on conduisait à Alexandrie les saints confesseurs, Antoine quitta son monastère pour les accompagner. « Allons combattre aussi, dit-il, si on nous appelle, « ou du moins allons contempler ceux qui combat- « tent. » Il désirait le martyre, mais, ne voulant pas se livrer lui-même, il servait les saints confesseurs dans les mines et dans les prisons. Il mettait un grand zèle à les encourager dans leurs réponses, quand ils étaient cités devant les tribunaux, et, lorsqu'ils avaient confessé la foi, il les recevait et les accompagnait jusqu'à ce qu'ils eussent consommé leur sacrifice.

### Son intrépidité.

44. Le juge, voyant son zèle et son intrépidité, fit défense qu'aucun moine parût au tribunal, ni même restât dans la ville. Tous les autres moines pensèrent qu'ils devaient se tenir cachés du moins ce jour-là. Mais Antoine fit si peu de cas de cette défense qu'il lava son manteau et vint le lendemain, dans son plus beau costume, se placer sur un lieu élevé pour se montrer au gouverneur. Pendant que tout le monde s'étonnait de son audace, et que le gouverneur, les yeux fixés sur lui, passait avec sa cohorte, Antoine se tenait debout sans pâlir et montrait quel est le courage des chrétiens. Il agis

sait ainsi, car il aspirait, comme je l'ai dit, à la gloire du martyre.

### Il retourne à son monastère.

45. On voyait qu'il était fâché de n'avoir pas eu l'occasion de confesser la foi : mais le Seigneur le conservait pour notre utilité et pour l'avantage de beaucoup de fidèles. Il voulait se servir de ce grand homme pour enseigner à une multitude de chrétiens la vie spirituelle, dont il avait lui-même appris les secrets dans les saintes Écritures. En effet, la seule vue de sa conduite déterminait un grand nombre de personnes à imiter son genre de vie. Quand la persécution eut enfin cessé, et lorsque le bienheureux évêque Pierre eut confessé la foi au prix de son sang, Antoine quitta la ville et retourna dans son monastère, où il continua ses exercices avec ferveur.

### Saint Antoine guérit une jeune fille possédée du démon.

46. Pendant qu'il était retiré dans sa solitude, où il avait résolu de passer quelque temps sans sortir et sans recevoir personne, un capitaine nommé Martinien vint au monastère solliciter Antoine, car il avait une fille tourmentée par le démon. Martinien demeura longtemps, frappant à la porte, suppliant le saint de venir et de prier le Seigneur pour sa fille. Antoine ne voulut pas lui ouvrir, mais, regardant par la fenêtre de sa cellule, il lui dit : « O homme ! pour-
« quoi m'importunez-vous par vos cris? Je suis moi-

« même un homme comme vous. Si vous croyez en
« Jésus-Christ que je sers, allez-vous-en, priez Dieu
« selon votre foi, et vous serez exaucé. » Martinien
crut, invoqua Jésus-Christ, et s'en alla, remmenant
sa fille délivrée du démon.

47. Le Seigneur, qui a dit : « Demandez, et vous
« recevrez, » a opéré bien d'autres miracles par l'entremise d'Antoine. Car, sans qu'il ouvrît sa porte, un grand nombre de malades se couchaient et dormaient en dehors du monastère, croyaient en Jésus-Christ, l'invoquaient et obtenaient une complète guérison.

### Il veut se retirer dans la haute Thébaïde.

48. Se voyant importuné par un grand nombre de personnes qui ne lui permettaient pas de vivre dans la retraite, selon son dessein, craignant d'ailleurs que les merveilles que Dieu opérait par son ministère ne lui inspirassent des sentiments d'orgueil ou ne fissent concevoir aux autres des idées exagérées de son mérite, après y avoir bien réfléchi il résolut de se rendre dans la haute Thébaïde, pays où il n'était pas connu. Ayant donc pris des pains que ses frères lui donnèrent, il alla s'asseoir sur le bord du Nil ; et là il examinait s'il ne verrait point venir un navire où il pût prendre place, afin de remonter le fleuve avec les autres passagers.

### Il entend une voix céleste.

49. Pendant qu'il regardait ainsi, une voix du

ciel se fait entendre à ses oreilles : « Antoine, où vas-
« tu, et quel est ton dessein ? » Antoine, qui avait
coutume de s'entendre ainsi appeler souvent, répondit : « Puisque ces peuples ne me laissent point en
« repos, j'ai résolu d'aller dans la haute Thébaïde
« pour éviter les importunités qu'on me fait subir en
« ce lieu, et surtout parce qu'on me demande des
« choses qui sont au-dessus de mon pouvoir. » La
voix lui dit alors : « Si tu veux trouver une paix vé-
« ritable, va-t'en au fond du désert. »

### Des Sarrasins le conduisent à une montagne solitaire.

50. Antoine répondit : « Qui me montrera le che-
« min ? car je ne le connais pas. » Aussitôt la voix
lui indiqua des Sarrasins qui devaient suivre cette
route. Antoine s'avança donc, et, les ayant abordés,
il les pria de lui permettre de les accompagner dans
le désert. Ceux-ci, comme si la Providence leur en
eût donné l'ordre, l'accueillirent avec empressement.
Après avoir marché avec eux trois jours et trois
nuits, il arriva au pied d'une montagne très-élevée.
On y voyait une source d'eau parfaitement claire,
douce, fraîche. Au delà s'étendait une plaine, où
croissaient quelques palmiers sauvages.

### Il y habite seul.

51. Antoine, se croyant dirigé par le Seigneur,
adopta cette montagne pour son asile, car c'était
bien le lieu que la voix du ciel lui avait indiqué sur
les bords du Nil. Ayant reçu des pains que lui don-

nèrent ses compagnons de voyage, il resta sur la montagne seul et sans aucune société, et il considéra ce lieu comme devant être sa demeure. Les Sarrasins eux-mêmes, admirant la ferveur d'Antoine, repassaient à dessein par cette route, et se faisaient un bonheur de lui porter des pains. Il trouvait encore quelque secours dans les fruits des palmiers. Plus tard ses frères ayant découvert le lieu de sa retraite, ils eurent soin de lui envoyer ce dont il avait besoin, et ils se montrèrent à son égard comme des fils pleins de reconnaissance pour leur père.

### Il sème du blé et cultive des légumes.

52. Antoine, s'apercevant que plusieurs se gênaient et se fatiguaient pour lui apporter du pain, voulut épargner cette peine aux religieux. Ainsi donc, après y avoir réfléchi, il pria quelques-uns de ceux qui venaient le visiter de lui apporter un hoyau, une hache et un peu de blé. Quand on lui eut procuré ces choses, il parcourut le voisinage de la montagne; ayant découvert un petit espace de terre propre à son dessein, il le cultiva; et comme la source lui fournissait de l'eau en abondance pour l'arroser, il l'ensemença. Chaque année il renouvelait ce travail qui lui fournissait son pain; il se réjouissait de ne plus devoir sa subsistance aux fatigues des autres, et il était bien aise de n'être plus en rien à charge à personne. Dans la suite, comme plusieurs venaient le voir, il cultiva aussi quelques

légumes, afin de procurer à ses visiteurs un léger soulagement dans leur pénible voyage.

### Il commande aux bêtes sauvages, et elles obéissent.

53. Dans les commencements, les bêtes du désert, attirées par la fontaine, causaient souvent du dégât dans ses semailles et ravageaient ses cultures. Un jour le saint vieillard prit un de ces animaux sauvages, et, s'adressant en son nom à tous les autres, il leur dit agréablement : « Pourquoi me faites-vous du « mal, quand je ne vous en fais pas? Allez-vous-en, « et, au nom du Seigneur, n'approchez plus d'ici. » Depuis ce moment les animaux du désert, comme effrayés par cette défense, n'approchèrent plus de ce lieu.

54. Antoine vivait seul sur cette montagne retirée, consacrant tout son temps à la prière et aux exercices de la piété. Ceux des religieux qui prenaient soin de lui le prièrent de souffrir qu'ils vinssent de mois en mois lui apporter des olives, des légumes et de l'huile, car il était devenu vieux.

### Les compagnons de saint Antoine sont sur le point de mourir de soif.

55. Les moines l'ayant un jour prié de descendre de sa montagne, et de venir visiter leur monastère qu'il n'avait pas vu depuis bien des années, il se mit en marche avec ceux qui étaient venus le trouver. Un chameau portait des pains et de l'eau pour le voyage, car tout ce désert est aride, et nulle part

on ne trouve de l'eau potable, si ce n'est dans la montagne où était la cellule d'Antoine, et c'était à cette source qu'ils avaient fait leur provision. L'eau vint à manquer dans la route, et, comme la chaleur était excessive, ils se voyaient tous exposés à périr. Ils parcoururent tous les environs sans trouver d'eau; ils ne pouvaient plus marcher. Désespérant de leur salut, ils se couchèrent par terre, et laissèrent leur chameau aller où il voudrait.

### Saint Antoine fait jaillir une source d'eau.

56. Le saint vieillard, voyant tous ses compagnons dans un tel péril, en fut profondément affligé. Il s'éloigna d'eux à quelque distance en gémissant, se mit à genoux, leva ses mains au ciel et pria. A l'instant le Seigneur fit sortir une source d'eau à l'endroit même où il était en prière. Tous ses compagnons burent et se ranimèrent. Après avoir rempli leurs outres, ils se mirent à la recherche de leur chameau, et ils le retrouvèrent, car son licou s'étant enroulé par hasard autour d'une pierre l'avait arrêté. Ils le ramenèrent donc, le firent boire, chargèrent leurs outres sur son dos, et continuèrent leur voyage sans autre accident.

### Il visite les monastères.

57. Lorsqu'il fut arrivé aux monastères qui sont situés en deçà du désert, tous les moines l'embrassèrent, le regardant comme leur père. Lui-même il leur apportait de sa montagne des provisions spiri-

tuelles. Il leur offrit comme présent d'hospitalité des discours utiles et pleins de sagesse. Ce fut une grande allégresse sur les montagnes. On y voyait briller d'une nouvelle ardeur le zèle pour avancer dans la vertu; on s'encourageait mutuellement, et on s'animait dans la foi commune. Antoine était heureux de contempler cette ferveur des moines; sa sœur elle-même, qui avait vieilli dans la virginité et qui gouvernait d'autres vierges, mettait le comble à sa joie.

### Il retourne à sa montagne.

58. Après avoir passé quelques jours dans ces monastères, il retourna de nouveau à sa montagne. Depuis cette époque, un grand nombre de personnes allèrent l'y visiter; beaucoup même de malades osèrent entreprendre ce voyage. Il répétait le même conseil à tous les moines qui venaient le trouver : « Ayez foi dans le Seigneur, disait-il; aimez-le; gar« dez-vous des pensées déshonnêtes; fuyez les plai« sirs de la chair; évitez la vaine gloire, et priez « continuellement. »

### Haine de saint Antoine pour les hérétiques et les schismatiques.

59. Son attachement à la foi et son zèle pour la pureté de la religion étaient admirables. Jamais il ne voulut communiquer avec les Méléciens schismatiques, car il connaissait la perversité qu'ils avaient montrée dès l'origine, et il savait comment ils s'étaient séparés de l'Église. Jamais il n'eut de relation amicale avec aucun des hérétiques, sinon pour tâcher

de les ramener au bien. Car il croyait et il répétait que l'amitié et la fréquentation de tels hommes est la ruine des âmes et la perte du salut. Il avait particulièrement en horreur l'hérésie des Ariens. Il exhortait tous les chrétiens à éviter leur société et à fuir leurs erreurs. Quelques-uns de ces perfides étant allés un jour le voir, Antoine les reconnut, découvrit leur impiété et les chassa de sa montagne, en disant que leurs paroles étaient pires que le venin des serpents.

### Il se rend à Alexandrie pour confondre les Ariens.

60. Les Ariens ayant publié faussement qu'Antoine partageait leurs sentiments, il manifesta la plus vive indignation contre cette imposture. Ensuite étant descendu de sa montagne sur l'exhortation des évêques et de tous les fidèles, il entra dans Alexandrie, condamna publiquement les Ariens, les appela les derniers des hérétiques et les avant-coureurs de l'antechrist ; et il enseigna au peuple que le Fils de Dieu n'est point une créature, mais le Verbe et la Sagesse éternelle du Père.

### Il opère un grand nombre de conversions.

61. Les peuples entendaient avec joie un si grand homme anathématiser l'hérésie ennemie de Jésus-Christ, et tous les habitants de la ville s'empressaient en foule d'aller voir Antoine. Les païens eux-mêmes et ceux qu'ils appelaient leurs prêtres venaient au temple en disant : « Nous voulons voir l'homme de

Dieu » : car c'est ainsi que tout le monde l'appelait. Le Seigneur délivra par les mains d'Antoine plusieurs hommes qui étaient possédés du démon, et il en guérit d'autres qui avaient perdu la raison. Beaucoup de païens désiraient toucher seulement le saint vieillard, persuadés que cet attouchement leur porterait bonheur. Ce qui est certain, c'est que dans ce peu de jours un plus grand nombre d'infidèles embrassèrent la religion chrétienne, qu'on n'en aurait vu, sans cela, dans toute une année.

### Il guérit une fille possédée du démon.

62. Lorsqu'il s'en retournait et que nous le reconduisions, au moment où nous arrivions à la porte de la ville, une femme se mit à crier derrière nous : « Homme de Dieu, attendez-moi; ma fille est cruellement tourmentée par le démon. Attendez-moi, je vous en conjure, de peur que je n'expire moi-même en courant après vous. » Le saint vieillard l'entendit; nous le priâmes de s'arrêter, ce qu'il fit avec complaisance. La femme approche, sa fille se roule par terre. Antoine prie, invoque sur elle le nom de Jésus-Christ, et la jeune fille se relève pleine de santé et délivrée de l'esprit impur. Sa mère bénit Dieu, tous rendent grâce au Seigneur, et Antoine s'en retourne avec joie vers sa retraite habituelle, à sa chère montagne.

### Il confond les philosophes païens.

63. Antoine était un homme d'une merveilleuse sagesse. C'était une chose surprenante de voir tant de

finesse et d'intelligence dans un homme sans lettres. Des philosophes païens vinrent un jour le trouver, s'imaginant qu'il leur serait facile de se mesurer avec lui. Il était alors sur la montagne située en deçà du désert. Ils lui demandèrent les preuves de notre foi en Jésus-Christ ; ils essayèrent de construire des syllogismes contre la prédication de la croix, et ils mêlèrent à tout cela des plaisanteries. Antoine les laissa parler un moment, ayant pitié de leur ignorance, puis il leur dit au moyen d'un interprète qui traduisait fidèlement ses paroles :

64. « Lequel est le plus honorable de confesser la croix, ou d'attribuer des adultères à ceux que vous appelez vos dieux ? Les douleurs de la croix que notre Dieu a souffertes, comme nous le reconnaissons, attestent au moins du courage et un noble mépris de la mort. Mais les actions que vous attribuez à vos dieux ne proviennent que de passions infâmes.

65. « Lequel, à votre avis, est le plus honorable de souffrir sur une croix préparée par des méchants, ou bien de nous débiter les courses vagabondes d'Osiris et d'Isis, les embûches de Typhon, l'exil de Saturne, ou de nous raconter comment le même Saturne dévorait ses enfants et tua son père ? Car voilà les sages enseignements de votre religion.

66. « Comment, d'ailleurs, se fait-il que, raillant la croix, vous n'admirez pas la résurrection ? Car ceux qui nous ont parlé de l'une nous ont aussi enseigné l'autre. Pourquoi donc rappelez-vous la croix, sans rappeler aussi les morts qui ressuscitent, les

aveugles qui voient, les paralytiques guéris, et la chair des lépreux rendue saine, et les hommes qui marchent sur les eaux, et une foule d'autres prodiges et de miracles qui prouvent que Jésus-Christ n'est pas seulement un homme, mais un Dieu? Vous me paraissez n'avoir pas sérieusement lu nos Écritures. Lisez-les donc, et vous verrez que les actions que Jésus-Christ a faites démontrent qu'il est un Dieu venu sur la terre pour sauver les hommes.

67. « Nous-mêmes, quand nous prononçons le nom de Jésus-Christ, nous mettons en fuite les démons que vous redoutez comme des dieux.

« Dites-nous donc où sont maintenant leurs oracles? où sont les enchantements des Égyptiens? où sont les évocations des magiciens? Quand tous ces prestiges ont-ils cessé, disparu, si ce n'est depuis qu'on a vu la croix de Jésus-Christ? Quoi donc! cette croix mérite-t-elle qu'on s'en moque? Vos mystères qu'elle a abolis, et dont elle a montré l'impuissance, ne sont-ils pas plutôt qu'elle dignes de nos mépris?

68. « Voici une chose bien étonnante : votre religion n'a jamais été persécutée : au contraire, on l'honore dans toutes les villes, tandis qu'on persécute les adorateurs du Christ, et cependant notre religion prospère et s'étend plus que la vôtre. Le culte de vos divinités si célébrées périt, et la foi en Jésus-Christ que vous raillez et que les empereurs ont souvent persécutée remplit maintenant l'univers.

69. « Dans quel temps la connaissance de Dieu

a-t-elle été aussi répandue ? Dans quel temps la chasteté et la virginité ont-elles brillé d'un aussi vif éclat ? Dans quel temps a-t-on montré un aussi généreux mépris de la mort, si ce n'est depuis la croix de Jésus-Christ ? Et ces faits glorieux, personne ne peut les révoquer en doute, quand on voit d'un côté les martyrs de Jésus-Christ affronter les supplices, et de l'autre les vierges de l'Église garder leurs corps purs et immaculés pour être agréables à Jésus-Christ.

« Ces preuves suffisent pour démontrer que la foi en Jésus-Christ est la seule religion véritable.

70. « Vous ne croyez pas encore à notre religion, parce que vous demandez qu'on vous la démontre avec des syllogismes. Mais nous autres nous ne démontrons pas notre religion par les discours persuasifs de la philosophie grecque, comme s'exprime notre docteur [1] : mais c'est par la foi, par des faits irrécusables, que nous persuadons. Voici devant vous des hommes tourmentés par les démons. » — En effet, plusieurs hommes possédés du démon étaient venus trouver Antoine, qui les amena en présence de ces philosophes et leur dit : « Ou délivrez-les par vos syllogismes, par tous les artifices que vous voudrez, même par la magie et en invoquant vos idoles ; ou, si vous ne le pouvez pas, cessez de nous faire la guerre, et vous verrez combien est puissante la croix de Jésus-Christ. »

---

1. *Non in persuasibilibus humanæ sapientiæ verbis*, I Cor. 1, 4.

71. Ayant dit ces paroles, il invoqua le nom de Jésus-Christ et marqua du signe de la croix les possédés par deux et trois fois. A l'instant, ces hommes se levèrent entièrement guéris, sains d'esprit et rendant grâces à Dieu. Les philosophes étaient étonnés, stupéfaits, en considérant l'intelligence du vieillard et le prodige qui venait de s'accomplir sous leurs yeux.

72. Antoine leur dit : « Pourquoi vous étonnez-
« vous? Ce n'est pas nous qui faisons ces choses :
« c'est le Christ qui les opère par ceux qui croient
« en lui. Croyez donc aussi vous-mêmes, et vous
« verrez que notre religion ne consiste pas dans des
« artifices de paroles, mais dans la foi qui opère par
« l'amour que nous avons pour Jésus-Christ. Si
« vous possédiez aussi cet amour, vous ne cherche-
« riez plus de subtiles démonstrations dans la lo-
« gique, mais vous regarderiez la foi en Jésus-Christ
« comme suffisante. »

73. Telles furent les paroles d'Antoine. Les philosophes en admirèrent la sagesse, saluèrent le saint vieillard, et le quittèrent en avouant qu'ils avaient beaucoup profité dans sa conversation.

74. En effet, pour avoir passé sa vie sur la montagne jusqu'à sa vieillesse, Antoine n'avait pas un caractère sauvage : au contraire, il était gracieux et poli, et sa conversation était assaisonnée d'un sel divin. Aussi personne ne lui portait envie : au contraire, il gagnait l'affection de tous ceux qui venaient le visiter.

#### L'empereur Constantin écrit à saint Antoine.

75. La réputation d'Antoine arriva jusqu'aux empereurs. Le grand Constantin et ses fils Constance et Constant, ayant appris les choses admirables qu'on racontait du saint anachorète, lui écrivirent comme à un père, et lui exprimèrent le désir d'avoir une réponse de sa part. Antoine attacha peu de prix à ces lettres et ne se réjouit point de ce message. On le vit aussi modeste qu'il l'était avant d'avoir reçu les lettres des empereurs. Quand on les lui présenta, il convoqua les moines et leur dit : « Ne vous étonnez « point, mes frères, si un empereur nous écrit, car « un empereur est un homme. Mais étonnez-vous « plutôt de ce que Dieu a daigné écrire sa loi aux « hommes et nous parler dans la personne de son « Fils. » Il ne voulait pas même accepter ces lettres, disant qu'il ne savait point répondre à de tels messages. Mais, comme les moines l'engageaient à les recevoir, lui représentant que les empereurs, qui étaient chrétiens, se scandaliseraient d'un tel refus, il consentit à en entendre la lecture.

#### Réponse de saint Antoine à l'empereur Constantin.

76. Il répondit qu'il félicitait les empereurs de ce qu'ils adoraient Jésus-Christ, et il leur donna des conseils pour leur salut. Il leur disait de ne point regarder comme grandes les choses présentes, mais de se souvenir plutôt du jugement futur, et de songer que Jésus-Christ est le seul roi véritable et éternel.

Il les engageait à se montrer charitables, et il leur recommandait la justice et le soin des pauvres. Les princes témoignèrent une grande joie en recevant cette réponse, tant ce vieillard était cher à tous les hommes, tant chacun souhaitait de pouvoir l'appeler son père!

### Combien saint Antoine aimait le recueillement.

77. Il aimait par-dessus tout le séjour de sa montagne. Un jour donc, pressé par des personnes qui réclamaient son secours et forcé par un capitaine qui le suppliait de descendre, Antoine vint les trouver, et, après leur avoir parlé un instant des intérêts de leur salut, il se hâtait de s'en retourner. Comme le capitaine l'engageait à demeurer plus longtemps, Antoine répondit qu'il ne pouvait pas rester davantage; et pour le persuader, il se servit d'une comparaison gracieuse : « De même, dit-il, que les poissons meurent lorsqu'ils restent sur la terre aride, ainsi les moines perdent leurs forces quand ils passent le temps avec vous et qu'ils séjournent dans votre compagnie. Il faut donc que nous nous hâtions de retourner à notre montagne, comme le poisson s'empresse de rentrer dans la mer, de peur qu'un trop long séjour dans le monde ne nous fasse oublier la vie intérieure.

78. Le capitaine ayant entendu ces paroles et d'autres semblables, admira ce vieillard et dit que c'était vraiment un serviteur de Dieu : car d'où pour-

rait venir une telle sagesse à un homme sans études, s'il n'était pas chéri de Dieu?

### L'Arien Balacius persécute les catholiques.

79. Un capitaine nommé Balacius persécutait cruellement les catholiques, parce qu'il était zélé partisan de la secte Arienne. Il portait la barbarie jusqu'à frapper les vierges, à dépouiller les moines de leurs vêtements et à les battre de verges. Antoine lui fit porter une lettre, dans laquelle il lui disait : « Je vois la colère de Dieu qui s'apprête à fondre « sur vous. Cessez de persécuter les chrétiens, de « peur que la colère de Dieu ne vous atteigne, car « elle est près d'éclater sur votre tête. »

### Il se moque des avertissements de saint Antoine.

80. Balacius se moqua de cet avertissement, jeta la lettre par terre, cracha dessus, outragea ceux qui l'avaient apportée et leur enjoignit de retourner dire à Antoine : « Puisque tu t'intéresses aux moines, je vais m'occuper aussi de toi. » Cinq jours n'étaient pas encore passés, que la colère tombait sur Balacius.

### Comment Dieu le punit.

81. Il était sorti d'Alexandrie avec Nestorius, lieutenant d'Égypte, pour se rendre à la première étape, qu'on appelle Étape de Chéréas. Tous deux étaient à cheval; les deux chevaux appartenaient à Balacius, et c'étaient les plus doux de ceux qu'il avait dans ses écuries. Ils n'étaient pas encore arri-

vés au but de leur voyage, lorsque les deux chevaux se mirent à jouer ensemble, comme ces animaux ont coutume de faire. Tout à coup le cheval sur lequel Nestorius était monté (c'était le plus doux des deux) mordit Balacius, le renversa et se précipita sur lui. Il lui déchira si horriblement la cuisse, qu'il fallut sur-le-champ le remporter à la ville, où il mourut au bout de trois jours. Tout le monde admira un si prompt accomplissement des menaces d'Antoine.

### Charité de saint Antoine à l'égard du prochain.

82. Tels étaient les avis qu'il donnait à ceux qui se conduisaient avec inhumanité. Quant à ceux qui venaient le trouver, il leur donnait de si sages conseils que tous enviaient le bonheur de ceux qui abandonnaient le monde pour la solitude. Il mettait d'ailleurs un si grand zèle à défendre les opprimés, qu'on eût pensé que c'était lui-même qui souffrait l'injustice dont il voulait garantir les autres.

### Il console les affligés et il secourt les pauvres.

83. Il semblait être un médecin donné de Dieu à toute l'Égypte. Quel affligé vint le trouver, sans s'en retourner la joie au fond du cœur? Vint-il un homme pleurant la mort de ceux qui lui étaient chers, sans déposer aussitôt son deuil? Vint-il un homme irrité contre un adversaire, sans se réconcilier avec lui? Vint-il un seul malheureux, désolé de son indigence, sans mépriser les richesses, sans accepter sa

pauvreté, aussitôt qu'il eut vu Antoine et entendu ses paroles ?

### Il encourage une foule de personnes à la vertu.

84. Un moine relâché venait-il voir Antoine, il s'en retournait plus fervent. Un jeune homme venait-il visiter Antoine sur sa montagne, il renonçait aux plaisirs et il embrassait la chasteté. Un homme tenté par le démon s'adressait-il à Antoine, il recouvrait la paix. Avait-on des chagrins et des soucis, on recouvrait la sérénité de l'âme auprès d'Antoine. Combien de jeunes filles recherchées en mariage, après avoir vu Antoine seulement de loin, ont consacré à Jésus-Christ leur virginité !

### Il est cher à tous les hommes.

85. On venait aussi le trouver des pays lointains, et ces étrangers s'en retournaient accueillis comme tous les autres par Antoine, qui les soulageait et les congédiait avec l'affection d'un père. En effet, depuis qu'il est mort, tous ceux qui l'ont connu se regardent comme orphelins, s'exhortent à la vertu par son souvenir, et conservent fidèlement dans leur mémoire les conseils et les encouragements qu'il leur avait donnés.

### Saint Antoine prédit sa mort.

86. Il faut aussi que je vous raconte quelle fut la fin de sa vie, car vous désirez entendre ce récit, et de toutes les actions d'Antoine, il n'y en a pas qui

soit plus digne d'envie. Il était allé selon sa coutume visiter les monastères de la montagne qui est en deçà du désert. Étant averti par la Providence que sa fin était prochaine, il dit à ses frères : « C'est la dernière visite que je vous fais, et je serais bien étonné que nous nous vissions de nouveau en ce monde. Le temps de mon départ est arrivé, car voilà que j'ai près de cent-cinq ans. »

### Douleur de ses disciples.

87. Ses disciples ayant entendu ses paroles se mirent à pleurer; ils serrèrent le saint vieillard dans leurs bras et ils le baisèrent. Pour lui, semblable à un homme qui part d'une ville étrangère pour retourner dans sa patrie, il leur parla d'un air joyeux. Il les exhorta à ne jamais se relâcher dans leurs travaux, à ne jamais se décourager dans les exercices de la piété, et à vivre comme si chaque jour devait être le dernier de leur vie.

### Il tombe malade.

88. Ses frères voulaient le forcer à demeurer avec eux pour y consommer son sacrifice, mais il n'y consentit pas; il retourna à la montagne du désert dont il avait fait son habitation, et peu de mois après il tomba malade.

### Il ordonne qu'on enterre son corps dans un lieu caché.

89. Ayant appelé les deux disciples qui demeuraient avec lui pour le servir à cause de sa vieillesse,

il leur dit. « Je vais suivre la route de mes pères,
« comme dit l'Écriture : car je vois que le Seigneur
« m'appelle. Ensevelissez donc mon corps vous-
« mêmes, cachez-le sous la terre, et soyez fidèles à
« garder cette recommandation : que personne ne
« connaisse le lieu où sera mon corps, excepté vous
« seuls. Au jour de la résurrection des morts, je le
« recevrai incorruptible des mains de mon Sau-
« veur. »

### Son testament.

90. « Vous partagerez ainsi mes vêtements : vous
« donnerez à l'évêque Athanase une de mes deux
« peaux de brebis avec le manteau sur lequel je
« couchais. Il me l'avait donné neuf, et il est devenu
« vieux par l'usage que j'en ai fait. Donnez à l'évê-
« que Sérapion mon autre peau de brebis. Pour
« vous, gardez ma tunique de poil. Adieu ! mes en-
« fants ; Antoine s'en va, et désormais il n'est plus
« avec vous. »

### Mort de saint Antoine.

91. Après qu'il eut prononcé ces paroles, les
deux disciples l'embrassèrent. Antoine leva ses pieds,
et, regardant comme des amis les bienheureux[1] qui

---

1. Dans le texte, on ne doit pas entendre par τοὺς ἐλθόντας
les deux religieux qui assistaient le saint vieillard, mais les anges
et les saints qui venaient recevoir son âme. Saint Antoine lève
les pieds comme pour partir avec eux et les suivre au ciel. Tel
est le véritable sens de ce passage très-bien entendu par Eva-
grius.

venaient à sa rencontre et dont la présence le comblait de joie, il rendit l'esprit et rejoignit ses pères. Les deux disciples exécutèrent fidèlement l'ordre qu'il leur avait donné. Ils ensevelirent son corps, l'enveloppèrent et l'enfouirent dans la terre. Jusqu'ici personne ne sait où il est caché, excepté ces deux religieux.

92. Quant à ceux qui ont reçu les peaux de brebis qu'il leur avait léguées et son manteau usé, ils conservent ces reliques comme des objets infiniment précieux. Car en les regardant ils croient encore voir Antoine; et quand ils s'en revêtent, il leur semble qu'ils portent sur eux avec joie ses leçons et ses conseils.

### Portrait de saint Antoine.

93. C'est ainsi qu'Antoine termina sa vie corporelle, et tel est le commencement de la vie monastique. Bien que ce récit ne suffise pas pour peindre la vertu d'Antoine en tout son jour, il peut du moins vous faire concevoir quel devait être un homme qui, depuis sa jeunesse jusqu'à un âge si avancé, conserva toujours la même ferveur dans les exercices de la piété; cet homme divin, que la vieillesse ne put contraindre à accepter une nourriture plus délicate, et que la faiblesse de son corps ne put engager à prendre des vêtements plus commodes.

94. Il demeura jusqu'à la fin exempt d'infirmités; ses yeux ne s'étaient point affaiblis, ils étaient nets et sa vue parfaite. Pas une de ses dents n'était tom-

bée ; seulement elles étaient, à cause de son grand âge, usées jusqu'aux gencives. Il conservait l'usage complet de ses pieds et de ses mains. En un mot, il avait une santé plus brillante et plus vigoureuse que les hommes qui recourent aux mets variés, aux bains et à toute sorte de vêtements.

*Dieu a rendu saint Antoine célèbre dans tout l'univers à cause de sa vertu.*

95. La renommée d'Antoine répandue dans le monde entier, l'admiration universelle qu'il a méritée, ainsi que le regret de tous ceux qui l'ont vu, est la preuve de sa vertu et l'indice d'une âme chérie de Dieu. Car Antoine ne s'est point fait connaître pour avoir composé des livres, ni par son habileté dans la philosophie profane ou dans un art quelconque, mais uniquement par sa piété.

96. Et l'on ne peut nier que cette renommée ne soit un don de Dieu. Car comment le nom d'un homme caché dans une montagne de la Thébaïde eût-il pu parvenir jusqu'en Espagne, dans les Gaules, à Rome et dans toute l'Afrique, sans la protection de Dieu, qui sait faire connaître au monde ceux qui sont à lui, et qui avait dès le commencement promis cette gloire à Antoine? Quoique ses serviteurs désirent rester inconnus, le Seigneur les fait briller à tous les yeux comme des lampes, afin que ceux qui entendent raconter leur histoire apprennent que l'accomplissement de la loi chrétienne suffit pour

faire de grands hommes, et s'encouragent ainsi à marcher dans le chemin de la vertu. Par Jésus-Christ notre Seigneur, à qui soit la gloire dans les siècles des siècles. Amen.

FIN.

PARIS. — IMPRIMERIE DE J. CLAYE, RUE SAINT-BENOIT, 7.

www.ingramcontent.com/pod-product-compliance
Lightning Source LLC
Chambersburg PA
CBHW070709050426
42451CB00008B/558